DE L'EXISTENCE SIMULTANÉE

de GUILLAUME, mari d'ARSINDE, et GUILLAUME, mari d'ADELAIDE, comtes de Provence au X⁰ Siècle.

En 1866, je proposai, dans une *Note sur l'origine des Comtes de Provence* (1), de distinguer le Comte de Provence Guillaume, fils du Comte Boson et de la Comtesse Constance, mari d'Arsinde et frère du Comte Rotbald, d'un Comte ou Marquis de Provence contemporain du précédent, nommé comme lui Guillaume, mais fils de Boson et de Foicoare et mari d'Adélaïde.

Depuis, j'ai eu l'occasion d'exprimer la même opinion dans une étude *sur les Comtes héréditaires de Provence*, que je soumis en 1867 au jugement de l'Académie des Inscriptions et Belles Lettres, puis dans mon *Essai sur les monnaies de Charles 1ᵉʳ*, enfin en deux études sur *la Charte de Gibellin de Grimaut* et *la Charte de donation de Ségalarie*, lues à l'Académie de Marseille et publiées en 1887.

Chaque fois que je me suis occupé de ce sujet, j'ai produit des arguments nouveaux. Je n'ai rien à y ajouter aujourd'hui, mais je crois devoir les réunir dans l'espoir que leur ensemble convaincra les esprits les plus difficiles de l'exactitude de ma proposition. En même temps, je m'efforcerai de réfuter, et ce ne sera pas vainement je l'espère, les objections qu'on leur oppose.

(1) « Compte-rendu des travaux du Congrès Scientifique tenu à Aix en 1866 », Aix 1868, In-8⁰.

1er Argument. Le premier argument dont je me suis servi a consisté dans le rapprochement de deux souscriptions apposées au bas d'une charte de 979 et ainsi conçues : *S. Willelmus inclytus comes et uxor sua Arsinda...., S. Adalais comitissa et filius suus Willelmus* (D. Vaiss. *Hist. du Languedoc,* nouv. éd. t. V, p. 291.

En présence de ces noms, inscrits les uns et les autres sur le même acte, à la même date, il m'a paru et il me paraît évident que le mari d'Arsinde ne pouvait être le mari d'Adélaïde et par conséquent le père de Guillaume fils de cette dernière princesse.

1re Objection. On objecte à mon premier argument que les deux souscriptions dont je viens de donner le texte, n'ont pas été apposées sur la charte de 979 à la même époque, et que celle d'Adélaïde, qui se trouve fort loin de l'autre et beaucoup plus bas, a été inscrite après coup pour confirmer celle d'Arsinde, première femme du même Guillaume, morte sans enfants.

2e Argument. Après avoir conclu, du rapprochement des deux souscriptions de l'acte de 979, que le mari d'Arsinde ne pouvait être celui d'Adélaïde, mère de Guillaume, j'ai donné la preuve qu'Adélaïde, mère de Guillaume, était la femme d'un autre Guillaume, également Comte de Provence, fils de Boson et de Folcoare.

Cette preuve, je l'ai tirée d'une charte de 980, dans laquelle on lit : *Nos Guillelmus Comes, Bosonis et Folcoaræ filius, in Arelate civitate consistentes........ consentientibus Adalaixia conjuge et Guillelmo filio nostro...* (H. Bouche, *Hist. chr. de Provence,* t. II, p. 42.)

2e Objection. A mon deuxième argument on objecte que la charte de 980 est fausse et qu'on ne peut l'invoquer, en conséquence, à l'appui de n'importe quoi et surtout de l'état civil du Comte Guillaume qu'on prétend fils de Boson et de Folcoare. La charte de 980 est fausse, dit-on, parce que 1° l'indiction ne concorde pas avec l'année ; 2° les formules sont d'un style postérieur au x° siècle ; 3° la particule qui y relie certains noms doubles est d'un usage également postérieur à ce siècle reculé.

3° Argument. En même temps qu'à l'aide de la charte de 980, j'ai prouvé que le Comte Guillaume, mari d'Adélaïde, était fils de Boson et de Folcoare, j'ai démontré que l'existence de ces deux personnages-ci était mentionnée non dans une seule charte, mais aussi dans la donation faite par Gencius à Montmajour, en 961, dont les souscriptions comprennent à la fois celles du Comte et de la Comtesse Boson et Constance et celles de Boson et Folcoare : *Boso comes et uxor Constantia firmaverunt. Illorum filii similiter : Wilelmus comes, Rotbaldus comes..... Boso firmavit, Folcoara firmavit.*

3° Objection. A cet argument qui démontre l'existence authentique de Boson et Folcoare au milieu du x° siècle, on objecte que cette existence n'est pas contestée, mais qu'il n'y a rien de commun entre ce fait et la prétendue parenté du Comte Guillaume, mari d'Adélaïde, avec Boson et Folcoare.

Tels sont les trois arguments que j'ai exposés dans ma *Note sur l'origine des Comtes de Provence,* (lue au Congrès Scientifique de France de 1866 et insérée au compte-rendu des travaux de ce Congrès, publié en 1868), et les trois objections qu'ils ont soulevées.

Il m'a fallu tout le développement d'une brochure spéciale, parue en 1887 sous le titre de : *La Charte de Gibellin de Grimaud* pour asseoir, avec la solidité nécessaire, mon 4° argument.

4° Argument. Contrairement au sentiment général, hostile à la charte de 980, je me suis convaincu, par un examen scrupuleux, de l'authenticité de cette charte qui, à mon avis, est simplement interpolée. Dans ma brochure, j'ai démontré ce fait et j'en ai conclu que, si l'on avait modifié quelques formules de l'acte, on n'y avait pas touché aux noms propres qui sont tous du x° siècle, ce qui garantit l'exactitude de la filiation du Comte Guillaume, mari d'Adélaïde.

1° Objection. Ici l'on objecte que, si les noms de la charte de 980 sont de la fin du x° siècle, ce que l'on admet, ils n'en sont pas moins étrangers à cette charte, attendu qu'elle est fausse quant au fond, et que les noms qu'on y lit ont été copiés sur un ou plusieurs actes du temps et simplement insérés dans la charte fausse pour lui donner un aspect authentique.

II

La première partie de ma tâche est ici terminée. J'ai reproduit 1° mes arguments à l'appui de la distinction que j'ai proposé d'établir entre le comte Guillaume, fils du comte Boson et de la comtesse Constance, mari d'Arsinde et frère de Rotbald, et le comte Guillaume, fils de Boson et Folcoare et mari d'Adélaïde ; 2° les objections formulées contre ces arguments.

Il me reste à réfuter ces objections ; je vais essayer de le faire.

Première objection. Je commence par l'objection qui est faite à mon premier argument. On a dit : Les souscriptions d'Arsinde et d'Adélaïde sont trop éloignées l'une de l'autre pour avoir été apposées simultanément; elles l'ont été à des époques différentes, la première lors de la confection de l'acte et la deuxième après la mort d'Arsinde, lorsqu'Adélaïde est devenue la deuxième femme du comte Guillaume.

Je réponds : Pour qu'on doive, à mon avis, tenir compte de l'objection, il faudrait un texte prouvant qu'Adélaïde a été la deuxième femme du comte Guillaume, d'abord mari d'Arsinde. Or, ce texte n'existe pas. Je pourrais donc dire à mes contradicteurs : Prouvez le deuxième mariage avant toute discussion. Mais je ne réclamerai rien de ce genre, et, entrant de suite en matière, je ferai remarquer que, si Adélaïde a signé après huit autres témoins, on ne peut en inférer que sa souscription ne date pas de la confection de l'acte, car, dans la *Carta liberalis* du comte Rotbald, Adélaïde apparaît au deuxième rang, tandis que la femme du donateur n'a que le quatrième ; dans la donation de l'évêque Honnorat à Saint-Victor, le comte Guillaume ne souscrit que le dernier ; dans celle de Lambert au même monastère, le vicomte Foulque ne souscrit que le huitième et dernier ; dans celle d'Aimedrus, le vicomte Guillaume n'arrive que le quatorzième sur vingt-un témoins, etc., etc. Donc, quand il s'agissait de souscrire au bas d'un acte, on ne subordonnait pas l'ordre des souscriptions à la dignité des souscripteurs. Je ne me bornerai pas à cette première réfutation de la première objection. J'examinerai attentivement la nature de l'acte, les noms des donateurs, ceux des souscripteurs, et il en ressortira à l'évidence, je l'espère, que l'acte, tel qu'il nous est parvenu, doit être considéré comme un ensemble dont on ne peut rien retrancher sans lui enlever une partie de sa valeur. En effet, par cet acte, le comte Guillaume, mari d'Arsinde, donne à Montmajour la *villa* de Pertuis qui lui a été donnée à lui-même par Ingilran et son père Névolong. Quoi de plus essentiel que ceux qui ont donné Pertuis au comte Guillaume en confirment la donation qu'on en fait à Montmajour. Aussi parmi les souscripteurs figurent Ingilran et Névolong, ou, du moins, celui-ci étant mort, ses quatre fils et héritiers, Rainald, Guillaume, Leufred et Clément. Ce sont là des souscriptions dont il était indispensable d'accompagner la donation faite à Montmajour, afin qu'il fût évident que les anciens propriétaires des biens donnés, et leurs héritiers, ne s'opposaient pas à la transmission de ces biens. Mais, si ces souscriptions ont été apposées à l'acte, lors de sa confection, il ne peut qu'en être de même de celles qui les précèdent. Or, voici l'ordre des souscriptions. Après celles du comte Guillaume, donateur, de sa femme Arsinde, et cinq autres, apparaît celle d'Ingilran ; puis, deux autres de la comtesse Adélaïde et de Guillaume, son fils, et, de suite après, celles des fils de Névolong : Rainald, Guillaume, Lambert et Clément. La dernière est celle du moine Archinric, alors scribe habituel du monastère dont il devint l'abbé 15 à 20 ans après. N'ai-je pas eu raison de dire qu'on ne pouvait toucher à l'ensemble de l'acte de 979, tel qu'il nous est parvenu, sans lui enlever de sa valeur et même de son authenticité ? Et si l'on est dès lors forcé d'admettre que les souscriptions des fils de Névolong et d'Archinric datent de la confection même de l'acte, comment peut-on supposer que celles qui les précèdent ont été mises après coup ? Cette hypothèse-ci n'est-elle pas absolument inadmissible ?

Deuxième objection. Je passe à la deuxième objection d'après laquelle la charte de 980 serait fausse parce que 1° le chiffre de l'indiction n'y concorde pas avec l'année, 2° la particule, qui s'y trouve, n'était pas encore employée au Xe siècle pour lier les noms, 3° les formules y sont d'un style postérieur au Xe siècle.

Je réponds qu'on se trompe étrangement si l'on considère comme fausse une charte du Xe siècle parce que l'année et l'indiction n'y sont pas en concordance, car ce défaut de concordance était alors si usuel qu'il serait presque un indice de l'authenticité d'un acte. Ne le trouve-t-on pas, en effet, dans les chartes les plus indiscutées et les plus importantes de nos fonds provençaux, telles que celles du comte Griffon, de Boson et Folcoare relative à Ollières, de Rambert relative à Venelles (du fonds de Montma-

jour); d'Honnorat, évêque de Marseille, relative à
Romagnac (du fonds de St-Victor), etc., etc. Quant à
la particule qui unit le nom de Gibellin à celui de Grimaut, n'était-elle pas déjà en usage vers cette époque,
et le *Pontius de Fossis* de la charte de l'abbé Pons,
rédigée vers 993, n'a-t-il pas été accepté sans difficulté
ni controverse ? Pourquoi, si l'on accueille *Pontius
de Fossis*, rejetterait-on *Gibellinus de Grimaldis* ? On
m'opposera mon propre avis, car je n'accepte pas la
désinence de *Grimaldis*. Soit, mais j'admets *Gibellinus de Grimaldo*, en appuyant ma correction sur la
forme de *Grimaldo* qu'offre *Jubaldus de Grimaldo* au
XIe siècle.

Je considère la finale *is* de *Grimaldis* comme une
modification du texte primitif lequel aurait été, selon
moi, *Grimaldo*, et je date cette modification du XVe
siècle. Ce n'est pas, du reste, la seule interpolation
insérée, à cette date, dans ce texte. J'en ai relevé bien
d'autres et les ai signalées, dans ma dissertation sur
la *Charte de Gibellin de Grimaut*. Je suis donc le
premier à admettre que les formules de la charte de
Gibellin de Grimaud sont postérieures au Xe siècle,
puisque je les date du XVe, mais je me garde bien
d'induire, de ces interpolations, la fausseté d'un acte
dont toutes les parties, les interpolations comprises,
concourent chacune à sa façon, à attester l'autenticité.

Troisième objection. — On consent à admettre
l'existence de Boson et Folcoare au milieu du Xe siècle, mais non leur parenté avec le comte Guillaume,
mari d'Adélaïde et père de Guillaume.

Et cependant il me semble que les chartes attestent
au moins implicitement cette parenté.

J'ai signalé deux mentions, dans les actes, de Boson
et Folcoare, mais je n'ai encore rien dit de deux char-
tes de donation, l'une de la 30e et l'autre de la 32^e
année du règne de Conrad correspondant à l'an 971.

Par ces chartes, Boson et Folcoare donnent à Mont-

majour des biens patrimoniaux sis, les uns, *in agro Rubiano*, dans le comté d'Avignon, et les autres *in valle Ulieric*, dans le comté d'Arles.

Or, l'an 42 du règne de Conrad, le comte Guillaume, mari d'Adélaïde, donne à Hugues Blave (cart. S.-Victor. n° 1042) une partie de ses biens propres, sise *in agro Rubiano*, et, l'an 1001, Adélaïde et son fils Guillaume donnent à Montmajour, pour le repos de l'âme de leurs parents un bien sis *in valle Olieria*. Le comte Guillaume et sa femme Adélaïde possédaient donc les biens patrimoniaux de Boson et Folcoare. Or, comment et pourquoi auraient-ils possédé ces biens s'ils n'avaient été les héritiers de Boson et Folcoare, s'il n'y avait eu entr'eux, par conséquent, le lien de la parenté, de la filiation ?

Quatrième objection. — La charte de 980 est fausse. Mon argumentation n'a pu en prouver l'authenticité. Quant aux noms qui s'y trouvent, on les y a glissés pour donner à la charte un aspect authentique, mais ils ne lui appartiennent pas ; ils ont été copiés sur un ou plusieurs actes du temps. Si, malgré mes efforts, je n'ai pu prouver une authenticité dont je suis convaincu, je le regrette, mais, la question d'authenticité du fond de la charte mise à part, il suffit que l'on admette que les noms qui s'y trouvent ont été tirés d'actes authentiques pour que l'objection ne porte pas contre ma proposition.

Que dis-je en effet ? Que Guillaume était fils de Boson et de Folcoare et mari d'Adélaïde. Si le document où est inscrit pour la première fois cet état civil est authentique, qu'importe que la charte de 980 où on l'a transcrit, ne le soit pas. L'état civil en question n'en est pas moins authentique comme le document d'où l'auraient tiré les faussaires de la charte de 980 (si faussaires il y avait eu, ce que je repousse).

La 4e objection n'a donc pour résultat que de fournir une nouvelle preuve de l'authenticité contre laquelle elle s'élève.

III

Après avoir réuni les arguments que j'avais précédemment produits en divers opuscules et les objections qui y ont été faites, je me suis efforcé de fortifier les premiers en réfutant les secondes. Peut-être n'ai-je pas, dans cette tâche, réussi à convaincre de l'exactitude de la distinction que j'ai proposé de faire entre le comte Guillaume, mari d'Arsinde, frère de Rotbald, et le comte Guillaume, mari d'Adélaïde. Mais, dans le cas où mon argumentation aurait été impuissante à faire prévaloir cette distinction, je viens l'appuyer d'un texte décisif qui, je l'espère, dissipera tous les doutes, car il est formel et défie toute objection. Ce texte, le voici :

Dans les *Annales Bénédictines*, sous la rubrique de *Psalmodium instauratur*, a° Ch' 1004, au § LIX du l. LII, Mabillon, après avoir relaté diverses donations faites à Warnier, abbé de Saint-Pierre de Psalmody, en l'année 1004, ajoute : *Ad hæc eidem Warnerio Guillelmus comes et uxor ejus Adeleis, ac* COGNATUS *ejus Rotbaldus, comes, ac Guillelmus frater ejus, dimiserunt ecclesiam de Bergen, cum appendiciis suis, sitam in comitatu Aquensi.*

Les personnages qui apparaissent ici côte à côte sont, d'une part, le comte Guillaume et sa femme Adélaïde ; de l'autre, le comte Rotbald et son frère Guillaume, et le lien qui à la fois unit et sépare les deux comtes Guillaume est indiqué par le mot *Cognatus*. Le comte Guillaume, mari d'Adélaïde, est dit, ici, le COGNATUS du comte Rotbald, dont le frère était, comme on le sait et comme c'est ici confirmé, le comte Guillaume, mari d'Arsinde.

Que peut-on objecter à des indications d'état civil

qui, émanant de ceux mêmes à qui elles s'appliquent, ont toute la valeur de déclarations, d'attestations personnelles.

Donc, pour conclure, ne fût-ce qu'en m'appuyant sur ce dernier texte, je redirai que Guillaume, mari d'Arsinde et fils du comte Boson et de la comtesse Constance, et Guillaume, mari d'Adélaïde et fils de Boson et Folcoare, furent l'un et l'autre comtes de Provence et vécurent et régnèrent simultanément.

LOUIS BLANCARD.

MARSEILLE-BARLATIER ET S. BARTHELET